AF234014

# PHYSIOGNOMIE
## IVDICIAIRE.

Auec la Prognostication de la
temperature des corps.

*Œuure tres-vtile & recreatiue pour les*
*Medecins, & toutes autres*
*personnes.*

Ne discernas antequam cernas. Senec.

Par GABRIEL CRESSONNET.

A PARIS.

C'ez ADRIAN BACOT, ruë des Carmes,
à l'Image sainct Iean.

M. DC. XXVI.

*Auec approbation des Docteurs.*

A MONSIEVR

MONSIEVR BROE'
Aduocat en Parlement, fils
de Monsieur le Presidẽt Broé,
Conseiller du Roy, & Presi-
dent en sa Chambre des Re-
questes, sieur de la Guette &c.

ONSIEVR,
L'oblation est droicte, lors
que la discretion est entiere:
A qui donc doy-ie plustost
presenter les branchages de ma Philosophie, sinon à celuy de qui mesme elle en à
pris son tyge, à qui l'issuë sinon à celuy
dont elle en a emprunté ses auspices. I'ay
esté si doucement favorisé par l'œil de
Monsieur vostre frere, d'heureuse memoire, que plustost le Soleil se retireroit
de mes yeux, que son nom fut ensevely

dans les cendres de l'oubliance, consa-
crant à iamais pour anatheme sa pieté,
au temple de Mnemosyne: Mais il vous
a laissé autant heritier de sa pieté comme
fauteur de sa bien-veillance, qu'il por-
toit à mes seruices, quoy qu'ingrats &
peu recognoissans, i'ay veu tant d'at-
traits d'vne affection particuliere, qui
me rendent tellement redeuables à vostre
seruice, que ie nierois le benefice, si ie ne
l'honorois mesme iusque à la qu'il semble
que la surface de mes biens parle par vn
muet consentement, & que ce ne soit
qu'vn œil dans lequel se mire l'obliga-
tion eternelle : Il y a long temps que ce
liure est en sentinelle, encore qu'il aye
esté mis en station en vn temps & vne
saison, où il ne faille rien mettre au iour
qui soit impoly & rabotteux, d'autant
que les esprits de ce siecle sont si delicats
& chatoüilleux, que mesmes il trouuent
à rondre sur vn œuf, & des taches dans
le Soleil : il n'eut esté de la bien-seance de
faire gemir plus long temps le fruict qui

ne demandoit qu'à voir le iour : mais il
ne l'a pas si tost veu qu'il a esté estranglé
dans son berceau, & suffoqué dans sa
semence par l'œil impitoyable de ses en-
nemis : i'attesté que l'œuure est petit :
mais c'est le miroir du cœur, speculum
cordis, dit Cassiod. le soing espineux,
mais la deliurance heureuse, le trauail
nombreux, mais le port asseuré, &
l'esperance dont le fruict s'alimente est
copieux, quoy que la dent de l'enuie chan-
creuse la veuille faucher auant qu'elle
pousse en bouton : C'est donc en l'ocean
de vos merites que se va rendre ce mien
labeur, comme vn petit ruisseau : Ie le
consacre sous vostre nom à la posterité,
afin que si elle iuge les veilles que i'ay
employez à le composer, digne de quelque recompense, elle vous en recognoisse
l'autheur, vous suppliant de l'accepter
d'aussi bonne affection que ie vous le
presente : Ie sçay que vostre naturelle inclination panche tellement sur la bien-
veillance, que vous ne me denierez ia-

mais la gloire que ie receuray, lors qu'il sera accueilly de l'œil bening de vostre affabilité: & l'honneur mesme que i'auray en me disant,

MONSIEVR,

Vostre tres-affectionné seruiteur,

G. CRESSONNET.

# TRAICTÉ
## DE LA
## PHYSIONOMIE.

### CHAP. SINGVLIER.

A Physionomie est vne science par laquelle on peut facilement connoistre l'inclination & instinct naturel d'vne personne seulement en considerant & contemplant la figure exterieure des parties du corps; Car par la figure exterieure des parties du corps on peut paruenir à la connoissance du temperament,

A

ou autrement de la qualité qui
domine, parce que du temperament prouient icelle figure exterieure des parties du corps comme il appert aux enfans lesquels
reſſemblent dauantage à leur pe-
re & à leur mere qu'à aucunes
autres, & ce en la ieuneſſe, dau-
rant qu'ils retiennēt plus de leur
temperament, ſelon Ariſtote en
ſon liure de la Generation, ou à
cauſe, qu'ils ſont plus proches de
leur principe ſelon le témoignage d'Auicenne, ou diſans mieux
auec Hypocrate διὰ τὴν δύναμιν
διὰ πλαστικήν : Or par le temperament on peut connoiſtre les humeurs, par les humeurs les paſſions, par les paſſions les mœurs,
par les mœurs les habitudes, en
fin par les habitudes on peut cō-
iecturer des actions qui en prouiennent : C'eſt pourquoy par la
Phyſionomie on peut cōnoiſtre

par exemple, quand vne perſonne eſt chaude, froide, ſeiche, humide, quand elle eſt bilieuſe, ſan-
guine, pituiteuſe, melancholique, item lors qu'elle eſt forte &
robuſte, foible & debile, prompte & diligente, lente & pareſ-
ſeuſe, hardie & courageuſe, timi-
de & puſillanime, prodigue ou
liberale, chiche & auaritieuſe,
phantaſque & cholere, benigne
& affable, ſi elle a beaucoup d'eſprit, ou ſi elle en a peu, bonne ou
mauuaiſe memoire, bref ſi elle
eſt ſuperbe, magnifique, ambi-
tieuſe, arrogante, impudente,
contumelieuſe, traiſtreſſe, trom-
peuſe, menteuſe, temeraire, in-
conſtante, cruelle, opiniaſtre,
yurongneſſe, gloutonne, laſciue,
petulante, deffiante, rauiſſante,
furieuſe, curieuſe, ioyeuſe, en-
uieuſe, dormeuſe, babillarde,
prudente, conſtante, honteuſe,

sobre, temperante, fine, flateuse,
paisible, courtoise, éloquente,
docile, douce, de bon naturel, veritable, de longue & courte vie,
& encore beaucoup d'autres.

Mais d'autant qu'en vne mesme personne il y a bien souuent,
selon Aristote, plusieurs signes
qui sont differents & contraires
l'vn à l'autre, c'est pourquoy il
nous faut expliquer toutes les
parties, commençant depuis la
teste iusques aux pieds, auec la
force & energie de signifier d'v-
ne chacune en particulier par
des raisons physiques & naturel-
les, afin que par ce moyen on
puisse plus facilement recueillir
& ramasser tous les signes & selon la pluralité de ceux qui con-
uiendront & s'accorderont ensemble porter iugement de la
Physionomie : Toutefois auec
celle mesure & proportion que

selon la multitude des signes cõ-
traires qui sont en moindre quã-
tité, on diminüe d'autant sur la
multitude de ceux qui sont en
plus grande quantité, comme
( par exemple ) si vne personne a
quatre signes de hardiesse, &
deux de timidité, elle sera bien
hardie, mais non pas neãtmoins
tant comme si elle n'auoit qu'vn
signe de timidité, ou si elle n'en
auoit point du tout, parce que
cette hardiesse est debilitée &
remise par les deux signes de timidité : de mesme si vne personne a deux signes de cholere & vn
autre de douceur & benignité,
elle sera bien cholere, mais non
pas neantmoins tant comme si
elle auoit le signe de benignité :
de mesme encore si vne personne a deux signes d'esprit, & vne
autre de stolidité, elle aura bien
de l'esprit, mais non pas neant-

moins tant comme si elle n'auoit
point le signe de stolidité: ou
bien au contraire si vne personne auoit deux signes de stolidité,
& vne autre d'esprit, elle seroit
stolide, non pas neantmoins tant
comme si elle n'auoit point de
l'autre signe d'esprit, parce que
ceste stolidité est corrigée & di-
minuée par celuy-cy, & ainsi des
autres. Mais outre ce, lors qu'il y
a encore en vne persõne d'aucũs
signes qui denotent qu'elle est
bilieuse, & qu'en ceste mesme
personne il y a quant & quant
d'aucuns autres qui denotent
qu'il est vn temperament froid,
il faut dire qu'aux quatre humeurs de telle personne il n'y a
pas beaucoup de degré de chaleur ains fort peu, pourtant que
les degrez de chaleur de la bile
excedent & sont en bien plus
grande quantité que non pas les

degrez de chaleur des trois autres humeurs ; là où au contraire
quand vne personne a quelque
signe qui denote quel est d'vn
temperament chaud, & neantmoins qu'elle n'en a aucun qui
denotẽt qu'il soit bilieuses, alors
il faut dire qu'aux quatres humeurs de ceste personne-cy il y a
beaucoup de degrez de chaleur,
mesme plus qu'il n'y en auoit en
la bile de ceste autre personne
qui est dite estre bilieuse & auoir
tout ensemble vn temperament
froid ; mais pourtant que les degrez de chaleur de la bile n'excedent & ne sont pas en beaucoup
plus grande quantité que les degrez de chaleur des trois autres
humeurs.

Or ie prends la latitude du
temperament froid lors que les
quatres humeurs d'vne personne ont chacun en particulier de

la chaleur au deſſous de huiȼt
degrez, quoy que la bile dans
ceite latitude la excede & ſur-
paſſe de beaucoup de degrez la
chaleur des trois autres humeurs, ou bien meſme quand la
bile auroit plus de huiȼt degrez
de chaleur, pourueu toutefois
que les trois autres humeurs
chacun en particulier n'en ayent
pas huiȼt, ains au deſſous de
huiȼt, parce qu'autrement il ſ'en-
ſuiuroit qu'vne perſonne bilieuſe ne pourroit iamais eſtre dite
d'vn temperament froid que par
relation *ſeu comparatiue* aux autres qui ſeroient d'vn temperament plus chaud: ce qui ſemble
faux & incommode, car ſ'il n'y
auoit qu'vne ſeule perſonne bilieuſe au monde qui eut neantmoins fort peu de degrez de chaleur en tous les quatres humeurs
& que toute autre perſonne qui

peut estre creée, fut rendüe du
tout impossible d'estre creée,
ceste personne-la seroit dite d'vn
temperament froid, parce qu'elle auroit le temperament de la
prudence, d'autant qu'à cause
qu'elle seroit bilieuse, elle seroit
prompte, & à cause qu'elle auroit fort peu de degrez de chaleur en tous ses quatres humeurs
elle seroit vn peu lête en ses exe-
cutions, ce qui n'est autre chose
que *festinare lente*, & partant elle
auroit le temperament de la prudence, consequamment elle seroit d'vn temperament froid &
bilieux & tout ensemble, mais
quand en chacun des quatres
humeurs en particulier d'vne
personne, il y a huict degrez de
chaleur ou dauātage, alors ceste
personne-là doit estre dite d'vn
temperament chaud, parce que
la latitude du temperament

chaud commence depuis huict
degrez de chaleur en chacune
des quatres humeurs, & s'étend
iusques à l'infiny.

Et d'autant que des signes qui
apparoissent en la figure exterieure des parties, les vns prouiennent de l'vn ou de l'autre humeur en particulier, les autres
de l'vn ou de l'autre qualité aussi
en particulier, les autres du mélange & attrempance de plusieurs humeurs ensemble, συλλο-
γάδην καὶ μετὰ συμπήξεως τ͂ ποιοτήτων
comme parle Aristote & Galien
apres luy. C'est pourquoy il nous
faut premieremētexpliquer tous
les signes & proprietez qui prouiennent de l'vn ou de l'autre
humeur en particulier, puis par-
courir toutes les parties du corps,
& en chacunes d'icelles declarer
ceux qui prouiennent de l'vne
ou de l'autre qualité ainsi prises

en particulier, comme encore &
principalemēt du mélange & at-
trempãce de plusieurs humeurs
ensemble auec la complection
& conuenance de leurs qualitēz
comme nous venons de dire cy
dessus, où quant & quant nous
rapporterons la quantité, la couleur, la qualité tactile, le mouuement, la situation d'vne chacune
partie ainsi qu'il en sera requis;
& pour proceder encore plus
de methode qui est *Lucina scien-
tiarum & cognitionis* appellée par
Picus Mirandulanus, il faut particulierement auoir égard aux
signes du visage; parce que selon
Aristote ceux-la par dessus tous
autres sont les plus vrais, les plus
certains, & les plus aisez à es-
prouuer. Comme aussi estant selon sainct Gregoire de Nazianze
κάτοπτρον τῆς ψυχῆς le miroüer de
l'ame. Conformement à ce que

dit sainct Ambroise. *Totus homo in
capite est.* Finalemét les Hebrieux
mysterieux en leurs nõs l'appellent פאנים *panim*, non pas de la racine de פה *pé*, c'est à dire la bouche, mais de φαίνω, comme a tres-
bien remarqué le docte Pame-
lius, quoy que l'vn soit Hebreu,
& l'autre Grec, dautant que c'est
en ceste partie que se ioüét tous
les personnages des passions hu-
maines.

Ce Chapitre est diuisé en 27,
Articles, au premier est traicté
de la nature & complexion des
quatres humeurs en particulier, & des signes & proprietez
d'iceux : depuis le deuxiéme iusqu'au quinziéme, de la Physionomie de la teste, & de toutes les
parties de la face en particulier:
depuis le quinziéme iusques au
vingtcinquiéme, du col, du dos,
du ventre, des bras, & de toutes

les particularitez , & quant &
quant de la voix:depuis le vingtcinquiéme iusques au vingtsept,
des cuisses,des jambes,des pieds:
Finalement est vn appendix sur
toute la Physionomie, où premierement est declaré de la sta-
ture de tout le corps humain ,
puis du temperament & siege
royal des quatre vertus Cardi-
nales.

---

## ARTICLE I.

*De la nature & complexion des quatre*
*humeurs en particulier, & des si-*
*gnes & proprietez d'iceux.*

LA bile est chaude & seiche
comme le feu, le sang chaud
& humide comme l'air , la pituite froide & humide côme l'eau,
la melancholique froide & sei-

che comme la terre.

La bile à cause qu'elle est chaude rend les parties pointuës, parce que la proprieté de la chaleur
est de monter en haut en forme de pyramides, comme il appert au feu, c'est pourquoy ceux
qui sont bilieux ont les membres longs & gresles, le corps
maigre & fort velu, le poil blõd,
aucunefois les cheueux crespus
par le bout, le nez, les léures, le
menton, les dents, le dos, les
mains, la iambe, les pieds, longs,
menus, & pointus, le visage long,
la teste & les oreilles longues,
ont aucunefois deux petites
pointes d'os qui apparoissent aux
costez des iouës, la couleur citri-
ne ou iaunastre, la prunelle de
l'œil de couleur de feu comme
ardente & estincellente, les os
durs, la peau rude & aspre, la pa-
role soudaine, grosse au commē-

cement, & aigües à la fin, le poux
fort & frequent que Gal. *lib. ad*
*Glauc*, appelle ἀνακτητικὸν, d'a-
uantage sont prompts & hastifs,
& à cause de cela sont appellez
par Sid. Apoll. *feruentis fulmina in-*
*genij*, prodigues, subtils, conuoi-
teux, enuieux, superbes, rauisseurs, impatiens, choleres, φαντα-
σιοκόποι, comme parle Eustatius
de Tantalo, opiniastres, hardis à
entreprẽdre quelque affaire que
ce soit, & courageux à pour-
suiure les desseins, ayant pour
deuise. *Audaces in agrediendo &*
*perseuerantes in prosequendo*, & tels
gens d'ordinaire grands chica-
neurs, & ne fait pas bon auoir affaire à tels gens, sont dauantage
pointilleux, punctuels, exacts, babillards, eloquents, vigilans, &
propres pour acquerir richesses
& dignitez.

La pituite les rends obstuses,

parce que la proprieté de l'humeur est d'enfler & de bouffer.
Comme il appert en l'eau lors
qu'elle se rarefie & resout en vapeurs: C'est pourquoy ceux qui
font pituiteux ont la face fort
grasse & blanche, le corps char-
nu, le poil mol & délié, les cheueux blancs & blanchastres, la
poitrine sans poil, la teste grosse
& mal proportionnée au corps,
le front vouté & éleué comme
en bosse, les yeux gros & grands
fortants au dehors de la teste, &
aussi chassieux, les sourcils esten-
dus & retirez vers les temples ou
vers les oreilles, la prunelle de
l'œil de couleur de vin & comme
pasle, ouurent & ferment facile-
mét les deux paupieres de dessus
l'œil l'vne apres l'autre sans y
porter la main, ont le nez gros
par le bout, ou en haut au sommet aupres le front, les aureilles

grosses, grandes & lasches, se re-
courbant & penchant en bas, de
grandes & grosses léures, ainsi
sont-ils appellez par Athenæ
προχειλοι, comme estoit Æsope.
sortant dehors, la langue blanche & humide, grasse & pesante,
le menton gros & épais, le ventre gros, mol, & fort gras, les
pieds & les mains grosses & char-
nües, les cuisses & les iambes longues & fort grasses, de sorte que
la chair ou la graisse semble pendre & choir en bas comme le *pa-*
*leare* qui saisit la partie ante-
rieure du col d'vn bœuf, ne peuuent pas bien prononcer toutes
les lettres, crachent beaucoup,
ainsi les appelle Hyppocrate πο-
λυχρεμπτικοὺς, ont les veines es-
troittes & de difficile aperceuan-
ce ( aussi sont-ils difficiles à sei-
gner ) à cause de l'abondance de
graisse, bref cuisent leur viande

tardiuement , sujets aux cacho-
chymies , dequoy s'ensuit que
l'on entend ordinairement leurs
boyaux gronder , & semble que
là dedans soit le combat de la
batrachomyomachie, à cause de
l'abondance des humeurs froids
& pituiteux qui sont contenus
dedans , & les estendent en cou-
lant , dauantages sont stupides
ἀλλόκοτοι, ἔμπληκτοι , & le plus
souuent sont vexez du vice dont
parle Clement Alexandrin τ̃ ἐμ-
βροιτητιας, ou selon Hyppoerate
ἀγροβολισμῷ, n'ont point d'esprit
non plus que si la foudre leur
auoit écumé & épuisé la ceruelle. C'est pourquoy les Ægyptiẽs
en leur Monomeries & Myrioge-
neses disent que telles gens naiſ-
sent sous le signe du Taureau , &
represẽtnt vn homme à deux
restes diuerses , l'vne de chat , &
l'autre de bœuf , auec ceste in-

scription. *Natus stolidus erit*; ils sont
encores paresseux, pigres, pe-
sants, ἄχαρις, resueurs, endormis.

Le sang les rend droictes, par
ce que la proprieté de l'air est
s'écouler & de se glisser; or le
sãg tiẽt de la nature de l'air, c'est
pourquoy les sanguins ont les
membres bien composez, longs
& droits, la chair molle & deli-
cate, la couleur vermeille, sont
musculeux, ont le poil tendre &
doüillet, à cause de l'humidité
aëréc, les cheueux rouges ou
rougeastres, la teste & la face
droite & éleuée, le front plus vny
& poly, ont aucunefois au dessus
du nez, comme enuiron au milieu, vne petite eminence ou tu-
berosité en façon sphæroidale
d'vne veine bleüe qui apparoist,
la prunelle de l'œil claire & luisante & comme riante, les léures
tendres & vermeilles, rouges &

mediocres, les bras auec le coude tout droit, les pieds & les
mains longues & droites, la voix
douce & agreables, sont sujets au
flux de sang par les narrines εὐαί-
μακτοι, dit Hyppocrate, αἱμορρα-
γεῦσιν πολλάκις διότι τῶν φλεβῶν ἄ-
κρα ἀναστομεῦται, ont le poux fort
grand & plein, dauantages sont
liberaux, benins, affables, cour-
tois, paisibles, ioyeux, φαιδροπρο-
σωπεῦντες, appellez par Erasme,
flateurs, ingenieux, *politioris lite-*
*teraturæ*, ambitieux, audacieux,
lubriques, amoureux, en fin c'est
ie croy, le temperament le plus
propre pour conuerser auec les
hommes. C'est vrayement *status*
*politicus*, ou parlant Physicale-
mēt *temperamentum ad pondus*, si cela estoit naturellement admis.

La melancholie les rends courbez, parce que la proprieté du
sec est de retirer, cõme il appert

en vn parchemin lequel ſe retire
& recorbille deuãt le feu à cauſe
de la ſeichereſſe, c'eſt pourquoy
les melancholiques ont ordinairement le corps courbé, la face
penchante en bas, le poil noir &
dur, les cheueux leurs blanchiſ-
ſent en ieuneſſe, ont les deux
ſourcils conjoints enſemble, le
front ridé au bas, la couleur
plombines ou noiraſtres, le nez
creuſé & enfoncé ſur le front, la
prunelle de l'œil de couleur brune & obſcure, les aureilles rondes, petites & rudes, les léures rudes & liuides, la langue rude &
aſpre, le menton rond & court,
le col fort court, & quant &
quant fort greſle & délié, les eſ-
paules eſtroittes & reſerrées, le
ventre petit & eſtroit, les pieds &
les mains fort petites & menuës,
& quelquefois crochües par le
bout, *yncaſque manus, liuentiaque*

*auari ora gerit,* ont la voix rude, les os durs, la peau seiche & crasseuse, & hesitent ordinairement en parlant, dauantages sont solitaires, taciturnes, ont vne vraye mine de Cassius, traistres, perfides, enuieux, pusillanimes, timides, scrupuleux, auaricieux, paresseux, pensifs, hypopondriaques, maniaques, achariastres, seliniaques, curieux, soupçonneux, opiniastres, fins, trompeurs, grands dormeurs, grãds mangeurs, frilleux, & ont bonne memoire.

Or il faut sçauoir premierement qu'il n'arriue point, ou fort peu, qu'vn homme aye tous ses signes la consecutiuement, autrement il seroit ou grand melancholique ou grandemẽt sanguin, mais c'est assez qu'il en aye vn plus grand nõbre qui denote qu'il est de telle ou telle tẽperature. Secondement, les sanguins ayment robe de haute couleur, les pituiteux de couleur verde, les melancholiques de couleur noire, les bilieux de toutes couleurs.

---

## ARTICLE II.

### *De la teste.*

1. CEux qui ont vne grosse teste, si auec cela le reste des parties est bien proportionné en la face, ils ont bon esprit, parce que cela denote vne abondance de chaleur & d'esprits, si au contraire toutes les autres parties ne correspondent pas signe de peu d'esprit, parce que cela denote plutost vne abondance de matiere superfluë, que non pas de chaleur & d'esprits.

2. Ceux qui ont vne petite teste dauanture si auec cela ils ont vn

long col & menu , font fots &
ftupides; mais fi dauanture le col
eft court, ils font prudens & ont
bon efprit , parce que par ce
moyen à caufe du chemin plus
court,les efprits paruiennēt bien
plutoft & plus promptement
iufques au cerueau le fiege de
l'imagination.

3.    Ceux qui ont la tefte toute
ronde , de forte qu'elle n'aduance n'y en deuant ny en derriere,
ont peu d'efprit & peu de memoire , parce que cela denote
que les ventricules anterieures
du cerueau où font les fens , &
celle du derriere où la memoire,
felon la doctrine des Arabes,font
trop preffées & ferrées : C'eft
pourquoy il eft bon que la tefte
aduance vn peu en deuant, &
auffi en arriere , parce que cela
denote vne plus grãde capacité,
καὶ πολυχωρίαν τῶν ἐγκεφάλου σπη-
λαίων:

λοφῶν, comme remarque tres-do-
ctement Erasistrat.

4. Ceux qui ont beaucoup d'an-
gles en la teste ne sont pas beaucoup subtils, parce que cela em-
pesche & arreste les mouuemens
des esprits.

5. Ceux qui ont la teste aigüe &
éleuée en pointe en forme de
pyramide comme vn pain de su-
cre, comme le haut d'vne cappe
à la Bearne, comme vn chapeau
d'Albanois, ont peu d'esprit, à
cause de la trop grande disette
du cerueau, & aussi des ventricules estroits, sont aussi inconstans & temeraires, ambitieux,
hardis, arrogans, dautant que
cela prouient d'vn humeur bilieux. Telles gẽs chez les Grecs
s'appellent φοξοὶ, quasi φλόξοι,
comme qui diroit amateurs de
l'éclat; De là tous les Parisiens,
soit que cela se fasse ou par arti-

fi ce, ou par nature, ont cette forme de teste, qui monstre qu'ils
sont grandement ambitieux,
aussi leur nom le porte τὸ
παρρησιάζεσθαι, car ils sont hardis
& de haut courage.

6. Ceux qui ont la teste platte
par dessus ont peu d'esprit, parce
que cela denote que les ventricules du cerueau sont foullez &
pressez, & par ainsi les esprits
n'ont pas le mouuement libre,
& au contraire quand il y a double sommet, c'est signe de longue vie, parce que cela denote
la force de la nature qui separe
les exctements.

7. Ceux qui remuent souuent la
teste, sont inconstants & temeraires, parce que cela prouient
de l'humidité & de la chaleur,
& au contraire ceux qui la re-
müent peu, signe d'vn esprit ras-
sis par les raisons contraires.

8 Ceux qui baissent la teste sont timides & ambitieux, parce que cela prouient de la froideur & de la seicheresse ; ceux qui l'éleue, signe d'ambition, dautant que cela vient d'vne forte chaleur, & abondance d'humeur.

---

## ARTICLE III.

### *Des Cheueux & de la Barbe.*

CEux qui ont vne cheueleure pleine, bien grande & bien épaisse, sont tousiours plutost enclins à toute sorte de vices & excés, que non pas les autres, selon le vers,

> *Hirsutus, fallax irascens prodigus audax.*

parce que cela prouient d'vne forte chaleur & abõdance d'humidité : De mesme quand les cheueux croissent tost, c'est si-

gne de chaleur, selon Aristote
en son liure de la Physion.

2. Ceux qui ont les cheueux
droicts & herissez, sont timides
& auaricieux, parce que cela
prouient de la froideur & seicheresse qui referment & reser-
rent les pores.

3. Ceux qui ont les cheueux
courbez & panchans en deuant
sur le front, sont liberaux & de
bon naturel, parce que cela prouient de la chaleur & de l'humeur, qui est le temperament de
la iustice, comme il est declaré
plus bas à la fin du liure.

4. Quand le poil est crespé &
retords aupres la racine, c'est signe de froideur & de timidité,
parce qne cela denote vne debilité de la chaleur naturelle, laquelle n'a pas la force de le pous-
fer dauãtage ny le soustenir; c'est
pourquoy ne pouuant subsister

la matiere terreſtre par ſa peſan-
teur, deſcendant en bas, eſt con-
traint le plier & courber.

5. Quand le poil eſt creſpé &
frizé par le bout, ſigne de grand
courage, parce que cela prouiẽt
de la force de la chaleur naturelle, laquelle eſt ſi grãde qu’elle
penetre iuſqu’au bout, & la con-
ſõme l’humidité qui ſ’y trouue.

6. Lors que le poil eſt dur &
bien épais, c’eſt ſigne de chaleur
& hardieſſe, & principalement
lors qu’il y en a beaucoup aux
anglets des temples, parce qoe
ceſte partie la eſt naturellement
froide, à cauſe que ſe ſont les
vaiſſeaux du cerueau qui eſt
froid, & auſſi dautant qu’y en
ayant quantité qui ſont partie
ſpermatique froide de leur temperament.

7. Lors que le poil eſt mol, c’eſt
ſigne d’humidité & de laſciueté

lors qu'il est sec & aride, signe
d'vne maladie chaude, & de la
chauueté qui viendra bien tost,
& que les estoilles tomberont
de dessus sa teste selon Artenid.
*lib. ὀνδροκει*, lors que les temples
blanchissent tost, signe d'humidité selon Galien.

8. Ceux qui ont le dessus de la
teste chauue sont fins & trompeurs selon le vers.

*Si non vis falli fugias consortia calui.*
Et mesme à Rome d'vn Empe-
reur disoit-on pas εὐλάββ φαλα-
κρόν, parce que cela prouient de
la seicheresse.

9. Lors que le poil est noir c'est
signe de chaleur & de cholere,
parce que cela denote que la
matiere fuligineuse dont il est
fait est bien cuit; lors que lepoil
est noir, & que la face est comme plombée & noirastre, signe
d'enuie, parce que cela prouient

de l'humeur melancholique.

10. Lors que le poil est blanc ou blanchastre naturellement c'est signe de stupidité & tardiueté par ce que cela prouient de la pituite.

Lors que le poil est rouge c'est signe d'amour, d'inconstance & de d'esloyauté selon ces vers.

*Sub rubra pelle non est animus sine felle.*

*Cum tibi dicit auc sicut ab hoste caue.*

Par-ce que cela prouient d'vne trop grande abondance de sang lequel pour son humidité s'ecoulle plus facillement & se glisse.

11. Lors que le poil est jaunastre, c'est à dire de couleur verde roux & rouge, resplendissant & luisant comme l'or, c'est signe d'affabilité & de courtoisie, par-ce que cela prouient d'vn peu de bile, auec vne plus grande

quantité de fang.

12. Lors que le poil approche &
tire de bien prés fur le noir, c'eſt
ſigne d'vne perſonne veritable,
& qui ne ſe plaiſt guerre à men-
tir ſi ce n'eſt pour quelque cauſe extraordinaire, parce que cela prouient de la bile & de la melancholie.

13. Lors que la barbe & les cheueux ſont tous deux rouges ou
tous deux blonds, ceſt ſigne d'v-
ne perſonne furieuſe inconſtan-
te infidele & encline à toute ſorte de vices en excés, parce que
cela denote vne trop grande
abondãce ou de ſang ou de bile.

14. Ceux que les Grecs appellent πωγωνοτροφοῦντες, qui ont vne
grande barbe bien longue, bien
épaiſſe, & égallement épars ſur
les ioües, ſi auec cela elle eſt dure, ſont hardis, fort prudents, &
conſtants, parce que cela pro-

uient de la bile & de la melancholie pourueu toutesfois qu'Il
n'y ayt pas beaucoup plus de bile que de melencholie : Ceux au
cõtraire qui n'ont guere de barbe, peu épaisse & inegallement
esparce par les ioües, & comme
venãt par petits bouquets, sont
inconstans, mols, & effeminez,
parce que cela prouient du sang
& de la pituité.

15. Lors que le poil sort tout
droit du menton, c'est signe de
hardiesse, parce que cela tesmoi-
gne vne chaleur forte & robu-
ste, auec vne matiere benigne &
obtemperante : Lors qu'il est
courbé aupres la racine, signe
de timidité, parce que cela prouient de la seicheresse qui fait
reserrer les pores: Lors qu'il est
frisé par le bout, signe de hardiesse & de courage, comme il a
esté dit cy dessus.

16. Quand la mouſtache qui eſt
au deſſus de la léure d'en haut
vient auparauant la barbe ou le
poil qui eſt au menton, ſigne
d'vne perſonne fort cholere, &
auſſi cruelle, parce que cela prouient d'vne trop grãde chaleur :
Mais lors que la barbe au contraire vient auparauant, ou quãt
& quant la mouſtache, ſigne d'v-
ne perſonne benigne & pitoya-
ble, parce que cela denote vne
chaleur plus moderée.

17. Ceux qui ont la barbe four-
chuë, de ſorte qu'au milieu du
mẽton il y ait comme vn ſeillon
ou foſſette ſemblable à celle
que les oyſeaux de paradis por-
tent deſſus leur dos, en laquelle
il n'y ait point de poil, ἀπιτότεροι,
dit Ariſtote, ne ſe fient ſinõ à des
perſonnes bien affidez, parce
que cela denote qu'il y a de la
froideur & de la ſeichereſſe à la

pointe du menton, où au contraire il y deuroit auoir de la
chaleur.

---

## ARTICLE IV.

### *De la Face.*

LA face que les Grecs appellent πρόσωπον, qui n'est autre
que ce qui nous vient en visée,
ou selon Pollux. *Id quod fröti subest,*
dautant qu'il est dit ainsi des
Grecs pour la noblesse & difference des autres animaux qui ne
peuuent estre qualifiez de ce
nom, mais nous l'appellons aux
oyseaux ἔμφος, & aux animaux
ῥύγχος, quand à celuy de l'homme qui est πρόσωθεν ὁ τωπον, qui a
droit de regarder sa maison lors
qu'il est en son exil, comme dit
Ouide 1. Metamorph.

*Os homini subleme dedit cælū̃, videre*

*Iußit & erectos ad sydera tollere*
*vultus.*

Ceux qui ont vne grande face
bien ample, bien pleine, & bien
charnüe, sont lents & stupides,
parce que cela prouient d'vne
trop grande abondance d'humeur superflu, ou autrement de
pituité qui offusque & esteint la
chaleur naturelle.

Ceux qui ont vne petite face
resserrée & renfrongnée sont timides, parce que cela prouient
du defaut de la chaleur natnrel-
le, qui n'a pas de la force de la
dilater, & de la pousser dauantage en dehors.

Quand la figure de la face est
toute entieremēt ronde, ce n'est
pas signe de grand esprit, parce
que cela denote qu'il y a peu de
ceruelle en la teste, & que les
ventricules du cerueau sont plus
pressez & plus estroits.

Ceux qui ont la face longue, & aux deux coſtez des ioües deux petites pointes d'os qui aparoiſſent, ſont hardis & genereux, parce que cela prouient de la chaleur naturelle, de qui la proprieté eſt d'étendre en long & former en pointe.

Lors que la face eſt quarrée, c'eſt ſigne de bon eſprit & de grand courage, parce que cela témoigne vne grande capacité du cerueau, & auſſi vne plus forte chaleur.

Ceux qui ont la face fort blanche ſont mols & effeminez, parce que cela prouient de la froideur, ceux qui l'ont noiraſtre ou plombine ſont enuieux, parce que cela prouient de la melancholie : Ceux qui l'ont toute rouge & côme flamboyãte ſont πολυμαθεῖς dans Ariſtophane, parce que cela prouiẽt d'vne grãde abondance de fang épandu par toutes les veines & arteres, à caufe de la grande chaleur du foye: ceux qui l'ont vermeille font de bon naturel, εὐφυεῖς καὶ εὐχρονθεῖς, dit Plutarque, parce que cela denote vne quantité de fang arterial plus temperé, & mediocre.

Lors que la face eft ridée, figne de timidité, parce que cela prouient de la feichereffe.

---

## ARTICLE V.

### *Du Front.*

CEux qui ont vn grãd front bien long, bien large, & bien étendu, pourueu que tout cela y foit égallement, figne de bon efprit, & font de grand courage, parce que cela denote vne plus grãde capacité du cerueau,

& auſſi vne chaleur plus forte &
plus robuſte: Car autrement s'il
eſtoit large, & qu'il ne fuſt long,
ſeroient gens admiratifs, & s'é-
tonnants de peu, d'où vient que
les Grecs dans ſaint Chryſoſto-
me, les appellent ξενίζοντες. Il
ſemble que d'aujourd'huy ils
n'ayẽt veu que le Soleil, & qu'ils
apprennent à marcher.

Ceux qui ont le front petit, &
quant & quant rond, ſigne de
peu d'eſprit, dautant qu'il y a
peu de ceuelle en la teſte, & que
les membranes appellées μήνιγ-
γες ſont mal compoſées & trop
eſtroites, & que la choroidale n'a
pas ſes coudées franches, à cauſe de la figure triangulaire qu'elles font auec le front; & ceux qui
ont le front quarré, ſont ingenieux, & telles gens Diogenes
les appelloit εὐμαθεστέρους, car cela
denote vne abondance de ma-

tiere vtile , telles gens sont con-
stans & sages, imitans en cela la
figure Cubique des Mathemati-
ques, *quæ stat non voluitur*, ou comme dit tres-bien saint Augustin
sur les Pseaumes. *Stantes, omnes ca-
sus inuenit.*

Ceux qui ont le front tout
plat, tout droit, & bien vny, sont
secrets, flatteurs, & debonnaires, parce que cela prouient de
l'humeur de qui la proprieté est
de polir.

Ceux qui ont le front auan-
çant seruant comme de tour &
de pauillon aux yeux sont πολυ-
θαρ(εῖς, ainsi que me l'apprend
Homere, & fort prompts, signe
de chaleur outrepassante, mes-
langée auec la bile copieuse.

Quand le front est ridé, si da-
uㆍㆍture les rides apparoissent en
haut d'iceluy, c'est signe d'ambition, parce que cela prouient

de'chaleur, si elles apparoissent
au bas, signe de timidité, parce
que cela prouient de seicheresse.

---

## ARTICLE VI.

### *Des Yeux.*

Velques vns ont improuué
la Physionomie cõme vaine
& comme menteuse, quel blas-
pheme est-ce la ? Ie ne veux
qu'vn Philon qui réponde pour
moy, qui dit que les yeux sont τ̃ς
ψυχῆς ὀφθαλμοὶ le poux de l'ame.
Belle & dorée pensée d'vn tel
Hebrieu. S'ils ne se contentent
de cela, ie leur apporte le témoi-
moignage irrefragable de Diogenes, Laërtius, & d'autres es-
criuant de Socrate, comme vn
grand Physionomiste entrant
dans le Lycée de Socrate, &

l'ayant regardè aux yeux, dit
hautement (quoy que non pas
à imiter, car il ne faut iamais
declarer les paſſiõs infames) ἐχ τὸς
ὄμματα παιδεραϛοῦ, Socrate eſti-
mãt que ce fut vn prophete, car
pour dire vray au témoignage
d'Hippocrate cette ſcience τῇ
μαντικῇ καὶ θεότητι ἐγγυτέρα, elle
approche de la diuinité. Alors il
répondit ἐγὼ γὰρ, ἐπέχω δὲ; Quãd
il n'y auroit que ceſte repartie-
là qui donneroit l'indice des
mœurs. Ie dis que la Phyſionomie eſt tres-certaine, & quaſi
demonſtratiue; mais ie laiſſe cela pour vne autre fois, où il ſe
traittera du pararelle de l'œil,
du corps, auec celuy de l'ame.

Ie commence & dis donc que
ceux qui ont les yeux petits &
enfoncez ſont grandement fins,
bien aduiſez, mais timides, parce que cela prouient de la ſei-

cherefſe du cerueau , & auſſi de
ce que la chaleur qui eſt en ces
perſonnes-là eſt retirée au dedans, & ſont comparez aux ſin-
ges.

Ceux qui ont de grãds & gros
yeux ſortãs hors de la teſte, ſont
laſches , ſtupides & reſveurs ,
parce que cela prouient d'vne
trop grande abondance de pituité, ou autrement d'humidité
du cerueau qui offuſque & acca-
ble la chaleur naturelle ; c'eſt
pourquoy ces perſonnes-là ſont
foibles & debiles, parce que la
force n'eſt pas conjointe auec
l'humidité qui naturellement
relaſche, mais pluſtoſt auec la
ſeicherefſe qui naturellement
refſerre & reſtreint, & ces per-
ſonnes-cy ſont comparez aux
bœufs.

Ceux qui ont les yeux enfoncez, & quant & quant de gros

fourcils , principalement noirs
par deſſus , ſont dits par les
Grecs μνησικακȣντες, ſonge-mali-
ce,& interpretent ordinairemēt
les actions d'autruy en mal ; parce qu'à cauſe qu'ils ont les yeux
creux ils ſont fins & aduiſez,
comme il a eſté dit, & à cauſe
qu'ils ont de gros & grãds fourcils & principalement noirs par
deſſus , ſont merueilleuſement
chauds , prompts , & enuieux :
C'eſt pourquoy ces perſonnes-
là ſont grandement prompts &
hardis à ſonger par enuie ſur les
actions d'autruy, & par conſe-
quent les interpretent ſouuent
en mal.

La meilleure figure de l'œil
eſt la rondeur, dautãt que par ce
moyen l'œil eſt plus agile, & a
plus de force & de capacité ;
l'humeur toutefois ne doit pas
eſtre parfaittement rond , parce

qu'autrement il s'écouleroit de
costé d'autre, & dautant qu'il ne
seroit pas tousiours en mesme
estat, il feroit paroistre l'objet
double selon Galien au 10. liure
de l'vsage des parties.

Ceux qui roullent souuent en
teste, & tournent promptement
la prunelle de l'œil sont rauis-
sants, parce que cela prouient
d'vne grande abondance d'esprits qui sont vnis ensemble :
c'est pourquoy ces personnes-là
sont comparez aux vaultours,
toutefois si la prunelle de l'œil
estoit de couleur brune, & obscure, ce seroit signe de grãd esprit, parce que cela prouiẽdroit
de la bile & de la melancholie.

Ceux qui ont la prunelle de
l'œil éleuée en haut sont superbes, parce que cela prouient du
muscle qu'on appelle *superbus*, lequel est éleué par la chaleur :

Ceux qui l'ont ordinairement baisſée ſont timides, parce que cela prouient du muſcle qu'on appelle *humilis*, lequel eſt detenu par la froideur.

Ceux qui ont la prunelle de l'œil tournée vers les temples ſont grands rieurs, parce que cela prouient du muſcle qu'on appelle *deriſorius*, lequel eſt relaſché par l'humeur : Ceux qui l'ont tournée vers les narines ſont ſujets à s'enyurer, parce que cela prouient du muſcle qu'on appelle *Bibitorius*, lequel eſt retiré par la ſeichereſſe.

Ceux qui tournent facilement la prunelle de l'œil tantoſt en haut, tantoſt en bas, & de coſtez & d'autres ſont amoureux & de bonne amitié, d'où ce doit entendre ce vers.

*Si neſcio, oculi ſunt in amore duces.*
pource que cela prouient de

deux muscles qu'on appelle *amatorÿ.*

Ceux qui ont la prunelle de l'œil tirante sur le verd, sont timides & amoureux, parce que le verd est symbole d'amour: Ceux qui l'ont de couleur rousse comme les lyons, sont hardis, parce prouient du mesme temperament qu'aux lyons : Ceux qui l'ont de couleur de vin & comme pasle, sont stolides, parce qu'encore que cela tienne vn peu de la bile, neantmoins il y a vne plus grande abondance de pituite : Ceux qui l'ont de couleur de feu & comme ardente ou estincellante, sont impudĕts, parce que cela prouient de la bile : Ceux qui l'ont obscure, sont amoureux, parce que cela prouient du sang & de la melancholie : Ceux qui l'ont bien claire, luisante & comme riante,

font encores amoureux, parce
que cela prouient d'vn fang plus
pur, plus fubtil, & plus aëré.

Ceux qui ont les yeux rouges
naturellement, font choleres,
parce que felon Ariftote en fon
liure de la Phyfionomie, ordinairement nous fommes enclins
aux mefmes paffions defquelles
nous auons les fignes qui ont de
couftume d'arriuer lors que no⁹
auons icelles paffions. Cōme par
exemple, lors qu'vne perfonne a
natutellemēt les fourcils retirez
& tournez vers le nez, μετὰ τῆς σκυ-
θρωπότητος, auec vr. vifage ren-
frongné, c'eft figne qu'elle eft
cholere, parce que lors qu'on ce
met en cholere on a de couftume de retirer ainfi les fourcils &
renfrongner le vifage: de mef-
me fi vne perfonne auoit l'œil
naturellement affreux & de trauers, ce feroit figne qu'elle feroit
furieufe

furieuſe & hardie, parce que les
taureaux qui ſont furieux &
hardis, ont de couſtume ordinairemēt d'auoir ainſi les yeux :
C'eſt pourquoy auſſi d'autant
que lors qu'vne perſonne ſe met
en cholere, les yeux ont de couſtume de luy deuenir rouges &
eſtincellans, ſi quelqu'vn les a
ainſi naturellement, c'eſt ſigne
qu'il eſt cholere. Or la raiſon
maintenant pour laquelle les
yeux ont de couſtume de deuenir rouges lors qu'on ſe met en
cholere, c'eſt parce que lors que
nous ſentons quelque mal, tout
auſſi toſt le cœur enuoye des eſprits & de la chaleur à la partie
laquelle eſt la plus propre, la
plus prompte à l'apperceuoir
afin d'y apporter remedes. Or il
n'y a partie au corps qui ſoit
plus prompte & plus ſoudaine
pour apperceuoir & découurir

quelque mal que les yeux, donc
eſtans en cholere le cœur four-
nit plus qu'à l'accouſtumée des
eſprits, leſquels paruenus àceſte
partie la rende rouge & eſtin-
cellante.

## ARTICLE VII.

### *Des Paupieres.*

CEux qui clignottent ſou-
uent les yeux, c'eſt à dire
qui ouurent & ferment ſouuent
les paupieres, & ne les peuuent
tenir long-temps ouuertes, ſont
enuieux, parce que cela prouient de la ſeichereſſe.

Ceux qui peuuent ouurir &
fermer les deux paupiere de deſſus l'œil l'vne apres l'autre ſans
y porter la main, ſont timides &
imbeciles, parce que cela prouient de l'humeur pituiteux.

Ceux qui ont les paupieres de
deſſus groſſes & enflées, &
comme flottantes ſur l'œil, ſont
plus ſujets à ſ'endormir que les
autres, parce qu'apres que ces
perſonnes-la ont beu & mangé,
telles paupieres ſe rempliſſent
bien plutoſt & ſe chargent da-
uâtage de vapeurs & de fumées;
c'eſt pourquoy elles deuiennent
lourdes & peſantes, & ont plus
de peine à les ſouſtenir, & ainſi
on ſ'endort.

Ceux qui ont les paupieres
de deſſous l'œil groſſes & enflées ſont ſujets à ſ'enyurer, parce que cela denote vne debilité
du cerueau, lequel ſoit naturellement, ſoit pour autrefois auoir
trop beu, n'a pas la force de digerer l'aliment, ny de temperer
les eſprits vitaux qui luy ſont
enuoyez du cœur, dont ſe fait
pluſieurs vapeurs ou excremens

humides , lesquels font con-
trains de s'écouler par les yeux ,
& ainsi enfler les paupieres.

---

## ARTICLE VIII.

*Des Sourcils où est declaré le pourtraict*
*& mirouer det melancholiques.*

TAnt plus vne personne a de
sourcils, d'autant plus elle
chaude, forte, ambitieuse, hardie, cholere, & aussi amoureuse,
dautant que, selon vn Rabin nõ-
mé Scelomoh, il les appelle
שאמבים *Sammim*, comme qui diroit πολύτειχες, ἐροφύλακες, gens
qui font d'vn poil nombreux
font les faulconniers d'amour:
tant moins vne personne en a,
elle est d'autant plus foible &
plus glacée en amour, mais elle
est prudente, dautant que cõme
il est dit à la fin du liure, la pru-

dence conſiſte en froideur.

Lors qu'vne perſonne a les deux ſourcils ſe ioignãs enſemble au deſſus du nez, c'eſt ſigne d'vne perſonne grandement triſte & melancholique, parce que cela denote en elle vne grande chaleur ardente, auec vne grande abondance d'eſprits qui s'eſtouffent & ſuffoquent l'vn l'autre.

Or ces melancholiques-la qui ont les ſourcils cõjoints à cauſe de la grande chaleur qui eſt en eux, ſont curieux & circõſpects, fort velus par tout le corps, ont la peau ſeiche & craſſeuſe, les os durs, la peau rude, ſont robuſtes, ont vne forte imagination & grandes penſées, boiuent ſouuent, mangent beaucoup, bref ſont de longue vie, à cauſe de l'étouffement & ſuffocation des eſprits qui ſont en eux ſont pu-

fillanimes, timides, fcrupuleux,
taciturnes, folitaires, ordinairement treffaillent de peur lors
qu'ils entendent quelque grand
bruit, ont la main tremblante &
font frilleux en hyuer, font fu-
jets à dormir; dauantage font
grandement lents, tardifs καὶ νω-
θροὶ, difficillement s'appliquent
à trauailler à quelque chofe qui
ne leur plaift point, ou à laquelle
ils fe déplaifent, mais lors que
c'eft vne chofe à laquelle ils fe
plaifent, font fort prompts, impatiens, diligẽs, parce qu'à cefte
heure-la les efprits commencẽt
à fe rarefier & excenter: de mef-
me font encores lourds, ftupides, hebetez, lors qu'ils font en
crainte, ou bien lors qu'ils font
detenus & arreftez malgré eux à
faire quelque chofe à laquelle
ils fe déplaifent; mais lors que
c'eft vne chofe μὴ δυσαρεϛ ὗσα, à

laquelle leur franchiſe ne ſoit
point intereſſée, ſont ingenieux,
μηχανώτατοι καὶ πολυμέτατοι, dit
S. Gregoire de Nazienze, dautant que tous les eſprits chauds
ſont reſſerrez & quaſi comme
eſtouffez dans les poroſitez &
concauitez de la matiere grof-
fiere & terreſtre de l'humeur
melãcholique ny plus ny moins
que dans les poroſitez de la
chaux, il y a beaucoup d'eſprits
ou exhalaiſons chaudes qui ſont
enfermées & retenües: dautant
que *in omni corpore aduſto ſemper de-
relinquitur aliquod veſtigium cauſæ
adurentis*: bref quand il s'amuſent
à s'attriſter & ennuyer pour
quelque cauſe que ce ſoit, ſen-
tent vne grande chaleur dedans
leur corps qui les bruſle & eſ -
touffe, & ont vn ſaiſiſſement &
oppreſſion d'eſtomach, paliſ-
ſent ordinairement, μετᾶσιν πο-

τε καὶ κεφαλαλγῶσιν καὶ ὀνειρωγμοὺς ἔχουσιν, dit l'interprete d'Aristoph. D'où vient aussi le dire commun, *Spectra melancholiæ sunt partus* ; Mais aussi quand ils sont en quelque compagnie où ils se plaisent, ou bien lors qu'ils ont esté arrousez de l'eau beniste des caues, où bien lors qu'ils ont receu quelques bonnes nouuelles, ou qu'il leur est arriué quelque bon succés ou aduenture, ont conceu quelque bonne esperance, sont les plus gays, les plus ioyeux, les plus dispos, & les plus éueillez de tous, ils sont à ceste heure-là grãds babillards, parce que tous les esprits qui estoient auparauant estouffez, se rarefient & dilatent en la circonference du corps, dequoy alors leur vient plusieurs tressaillemens de ioye.

A cause de la seicheresse qu'ils

ont sont auaricieux & conuoi-
teux, enuieux, & ont bonne memoire, ils sont aussi temperants,
c'est à dire s'abstiennent plus facilement de quelque chose que
ce soit quand ils veulent, que les
autres; mais aussi lors qu'ils s'addonnent à quelque chose bonne ou mauuaise, ils excedent, &
la mediocrité y perd son rang,
c'est pourquoy ils sont plus propres à conseruer & espargner
quelque chose sur leur bourse
qu'aucun autre, comme aussi
lors qu'on leur a dit quelque se-
cret, ils ont encores moins de
peine à le celer & le cacher, au
reste ils sont difficiles à esmou-
uoir & exciter à faire quelque
chose lors qu'ils n'en ont point
d'enuie, & ont bien de la peine
à s'en retirer, c'est pourquoy par
exemple s'ils se mettent aux es-
tudes, ils s'addonnent aux arts

C v

magicques, à cause de leur trop
grande curiosité qui est iointe
auec la seicheresse, comme on a
veu les anciennes sorcieres, καὶ
ἐξαστεμμυθες , les Pytonisses
auoir les sourcils conjoints ainsi que rapporte Iean Indagine,
s'ils se mettent à aymer vne personne, ils l'aiment passionnemét
& sont fideles & loyaux; s'ils affectent quelque chose, on auroit
quasi aussi leur cœur & leur vie,
comme ce qu'ils affectent : De
mesme lors qu'ils ont conceu
quelque opinion dequoy que ce
soit, ils sont stables, fermes, con-
stants, ὁλοκλήρυς, dit Synesius, &
ireuocables en icelle: c'est pourquoy lors qu'on leur a fait quelque tort, & qu'ils ont brassé
quelque haine ou inimitié con-
tre quelqu'vn, ils sont detra-
cteurs, sycophantes, médisans,
soupçonneux, malpensans, vin-

dicatifs, menaçans, traistres, res-
semblent à l'eau qui dort, sont
cruels, frappent lourdement, &
qui pis est sont grandement difficiles à appaiser δυσπαράμυθητοι,
& partant il fait bien mauuais
estre leur ennemy, & outre cela
grandement prompts & facilement conçoiuent les estincelles
de la fureur, parce que tout ainsi
que les exhalaisons qui s'éleuẽt
de la terre sont bien plus prom-
ptes à s'enflammer par le feu,
que non pas les vapeurs humides qui s'éleuent de l'au; de mesme les exhalaisons seiches de la
melancholie terrestre sont plus
idoines à s'échauffer par la bile
qui est *lima caloris,* correspondan-
te au feu, que non pas les vapeurs simples du sang & de la pituite : D'où vient que selon vn
ancien Autheur la melancholie est. *Passio frigida mentem*

*deprimens, omniaque illi spinosa red-*
*dens.* C'est pourquoy lors qu'ils
se mettent en cholere ils experi-
mentent en eux comme vn bra-
sier ou vne fournaise ardente
qui s'enflamme tout d'vn coup,
d'où vient que leur visage pa-
roist incontinent tout rouge, &
leurs yeux estincellants, & ne
plus ne moins qu'vn tonneau de
vin lors qu'il est émeu & ébran-
lé, tout aussi tost la lie monte &
s'éparpille par toute la capacité
du vaisseau: de mesme lors qu'ils
se mettent en cholere, en vn in-
stant tous les esprits s'éleuent
comme vne volée ou vn esseing
d'abeilles, ou vn escadron d'oyseaux, qui de tous costez espars
apres vne longue dissipation se
reünissent & s'embrassent.

Lors que les sourcils sont conjoints, si d'auëture ils sont noirs
auec cela, c'est encore signe d'v-

ne grande melancholie, & d'vne
plus grande enuie, parce que cela denote encore vne plus grande chaleur adurente auec vne
plus gràde seicheresse: c'st pourquoy ces personnes-la à cause
de leur chaleur sont prompts à
faire dépendre le bien d'autruy,
& à cause de leur seicheresse
sont propres à conseruer le leur:
Et tant plus les sourcils sont
conjoints, d'autant plus on est
melancholique, & si peu qu'ils
soient conjoints, on ne laisse pas
de l'estre grandement.

La meilleure quantité des sourcils c'est la mediocrité, parce
que ceux qui en ont beaucoup,
sont prompts à conceuoir à cause de la chaleur, mais aussi ils ou-
blient tost: Ceux qui en ont fort
peu, ou qui les ont du tout chau-
ues, sont trop lents à conceuoir,
à cause de leur froideur: Ceux

qui en ont mediocrement, sont
vn peu lents à conceuoir, à cause
de leur froideur, aussi ce qu'ils
ont vne fois conceu, ils le retien-
nent bien, c'est pourquoy on
peut dire d'eux. *Lenti sunt in con-*
*cipiendo sed tenaces in conseruando.*

Ceux qui ont les sourcils estē-
dus vers les temples, sont grãds
rieurs, folastres, ords & sales, par
ce que ce lieu là naturellement
est pituiteux; & partãt lors qu'il
y a du poil, c'est signe d'vne trop
grande abondance de pituité
qui offusque l'entendemēt, c'est
pourquoy ces personnes là sont
comparez aux pourceaux.

Lors que nous auons les sourcils iustemēt au dessus des yeux,
signe de bon esprit, parce que
cela denote qu'il n'y a point tãt
de pituité: Lors que les sourcils
sont renfroignez & retirez vers
le nez, c'est encore signe de bon

esprit, & outre de cholere; parce
que selon Aristote ordinairement nous sommes enclins aux
mesmes passiõs desquelles nous
auons naturellement les signes
& les marques qui ont de coustume d'arriuer lors que nous
auons icelles passions : or lors
que nous nous mettons en cholere cela arriue: C'est pourquoy
lors que κτ' φύσιν nous les auons,
c'est signe de cholere.

Lors que les sourcils comme
en voute ou en demy cercle sont
au dessus des yeux, c'est signe de
force & de courage, parce que
cela prouiét de la chaleur, mais
lors qu'ils sont couchez tout
plat en forme de ligne droite,
renuersée au dessus des yeux, signe de mollesse ou de lascheté,
parce que cela prouient de l'humeur.

Lors que les sourcils chatoüil-

lent & demangent, c'eſt ſigne
de hardieſſe & de lubricité, parce cela prouient d'vne humeur
acre & mordicant.

***

## ARTICLE IX.

### *Du Nez.*

TOut nez long vaut mieux
que tout nez court : c'eſt à
dire ceux qui ont vn long nez
ſont bien de plus grande pēſée,
de plus grands deſſeins, d'entre-
priſes genereuſes , & plus capa-
bles de ratiociner & accorder
auec vn chacun, que non pas
ceux qui ont vn nez court : parce tant plus que les os & les car-
tilages de quelque partie ſont
longs & grands, dautant plus ils
denotent vne forte chaleur naturelle qui les forme & les pouſ-
ſe ainſi en long auec abondance

de matiere vtile & neceſſaire:
Or le nez eſt compoſé d'os &
de cartilage, & partant dautant
qu'il ſera long, dautãt plus meil-
leur ſigne il témoignera : c'eſt
pourquoy ces perſonnes-la ſont
curieuſes, appellées par Syne-
ſius φιλολατρεῦντες, & auſſi amou-
reuſes des ſciences, comme auſſi
de toutes ſortes de beautez &
de raretez, & profondent ordinairement dans les difficultez.

Ceux qui ont le nez pointu
par le bout, ou bien qui l'ont
menu tout au long auec les narines plattes & deliées par les coſtez, ou bien qu'ils ont droit &
menu, mais tout rond & tout
vny par tout, ſont tous grande-
mens prompts & impatiens, di-
ligens, choleres, phantaſques,
enuieux, muiſſans, opiniaſtres,
& iamais ne veulẽt rien demor-
dre de leur opinion ; bref ſont

hardis à entreprendre quelque affaire que ce soit, & courageux à pourſuiure l'entrepriſe. *Auda-ces ſunt in aggrediendo & perſeueran-tes in proſequendo*, parce que tou-tes ces ſortes de nez-la prouien-nent de la bile : Mais entr'autre ceux qui ont le nez pointu par le bout ſont les plus choleres, parce que cela denote encores plus grande actiuité de chaleur montant en haut : Dauantage ils ſont tous grãds babillards, mais particulierement ceux qui ont le nez fort menu aupres le front, à cauſe de la meſme bile d'où cela prouient.

Ceux qui ont le nez gros par le bout, ſont pigres, lents & ſtu-pides, le plus ſouuent inconſtãs, pource que cela prouient du ſang auec la pituité : Comme auſſi ceux qui l'ont gros en haut au ſommet aupres le front, ſont encores stupides pour la mesme raison.

Ceux qui ont le nez creusé & enfoncé sous le front, sont lascifs, mais particulierement lors-
que le nez est fort court, & qu'il est releué & retroussé par le le bout, parce que cela denote, dit Gal. *lib. de VS. part.* θερμότητα δριμεῖαν ϗ κεντοῦσαν vne chaleur acre & mordicante de l'humeur melancholique en eux.

Ceux qui ont de petits bou-
tons rouges, sont grands beu-
ueurs & sujets à s'enyurer, pource que ces petits points d'escar-
latte dits φλυκτίδες ϗ φυσήματα prouiennent d'vne chaleur de foye, furieuse & insolente.

Ceux qui ont le nez vouté, haut & éleué, cōme en arcade ou en pointe aupres le frōt, sont impu-
dents, cōtumelieux, enuieux, ra-
uissants, & aussi grāds gausseurs,

parce que cela prouient de l'humeur bilieux auec vne melancholie chaude & bruslée qui est
ainsi poussée en voute, ou en
pointe par la force de la chaleur
naturelle montant en haut, c'est
pourquoy ces personnes. la sont
encores grandement superbes
& ambitieuses, à cause de l'a-
bondance des esprits chauds
qui sont en elles.

Ceux qui ont le nez long, cro-
chu & courbé par le bout, de
sorte qu'il soit tourné & descen-
de en bas vers la bouche comme le bec des aigles, des espre-
uiers, & des perroquets sont magnanimes, magnifiques, prudẽs,
affables, πολύδωροι καὶ φιλοσοφγεῖς
eloquents, à tous accords, dociles, & de tres-bonne amitié &
affection auec vn chacun. Bref
ils ont tous vertus royalles, parce encores que cela prouient de

la bile & de la melancholie ainſi qu'aux autres qui ont le nez voûté & éleué en pointe aupres le front, neantmoins en ceux-cy la melancholie eſt temperée & delayée auec vn peu de ſang plus pur & plus ſubtil, & la chaleur de la bile n'eſt pas ſi feruente, ny boüillante : De là vient qu'anciennement les Perſes ne commettoient le ſceptre de la royauté qu'à ceux qui auoient le nez de telle ſorte, comme le témoigne Xenophon & Plutarque en la perſonne du Roy Xerces : C'eſt pourquoy à bon droit tels nez peuuent eſtre dits, *naſi ad maieſtatem*, tant parce que chez les Perſes on n'éliſoit point dautres perſonnes aux reynes de la Monarchie que ceux qui auoiét ainſi le nez, comme auſſi pource que ceux qui ont ainſi le nez ont vrayement & d'effait toutes ver-

tus Royalles & Heroiques, & au
contraire les autres nez voutez
en arcade & en cinthre, *nasi ad
contumeliam*, pource que ceux qui
ont ainsi le nez, sont ordinairement contumelieux & outra-
geux : & tant plus la pointe
du nez vouté est proche du
front, dautant plus on est im-
pudent, contumelieux, enuieux,
rauisseurs, parce que cela denote vne plus grande actiuité de la
chaleur bilieuse montant en
haut:& tant plus elle en est éloi-
gnée, dautant moins on tient de
la contumelie, & dautant plus
on approche & participe du par-
fait temperament de toutes vertus Royales: Pour ce qui est dõc
des autres nez longs, aquilins
ou crochus par le bout, qui sont
des nez à l'Apostolique, il y en a
aucuns prouerbes Latins qui en
sont tirez, comme *homo nasutus,*

*homo emunctæ naris*, pour dire vn
homme bien prudent & bien
aduisé, on les appelle aussi com-
munement les nez à la licorne,
& sont doux à ceux qui les ayment, *dilecti sicut filius vnicornium:*
neantmoins ne laissent pas de
jaillir quelque estincelle de
gausserie, lancent quelques bro-
cards à trauers quelques appa-
rences d'affection.

Ceux qui ont les narines grosses & épaisses & sortans és costez
ont vne candeur & sincerité de
l'entendement, *defecatæ sunt vo-
lŭtatis*, dit Arnob. parce que cela
prouient de sang auec vn peu de
bile.

Quand les trous & narines
sont bien larges & ouuerts, *folli-
cantibus naribus*, comme parle S.
Hierome, c'est signe d'ire & de
gloutonnie, parce que cela denote qu'il y a vne grande cha-

leur, & que ἐπὶ τῇ ἀναψύξει, pour
refocillation, il faut telles catha-
ractes du nez : De mesme lors
qu'on remüe promptement &
souuent les narines, signe d'vne
grande chaleur naturelle à laquelle ne suffisent pas, la vehe-
mence, la grandeur, & hastiueté
du mouuement, mais encore la
continuité & suite frequente
d'iceluy selon la doctrine des
fils des Medecins.

Quand quelqu'vn parle du
nez, c'est signe qu'il n'a quant &
quant guere bon oüye, à cause
d'vn certain accord & conuenance qu'il y a entre les flustes
du poulmon, & l'aureille, selon
Aristote au 14. Problem. de la
sect. 30.

Arti-

# ARTICLE X.

## *Des Oreilles.*

CEux qui ont de grandes oreilles, grosses & epaisses, de sorte que par en haut elles se recourbent & panchent en bas, sont stupides, lasches, & paresseux, & tiennent de la complexion des asnes, leur deuise est, ὄνος ὄρυς, parce que cela prouient d'vne abondance de pituite & de melancholie.

Ceux qui ont de petites oreilles rondes, comme les singes, sont lascifs, petulants, & timides, parce que cela prouient de la melancholie, laquelle à mesure qu'il s'en éleue des vapeurs les rends plus mauuais & malicieux: C'est pourquoy il est bon d'auoir les oreilles mediocres

D

comme les chiens, selon Aristote, parce que cela prouient d'v-
ne tēperie du sang auec la bile.

Ceux qui ont les oreilles longues sont choleres, parce que
cela prouient de la bile de qui la
proprieté naturelle est d'esten-
dre en long, & de rendre menu
& pointu.

La figure la plus excellente
de l'oreille est la quarrée, parce que cela denote vne forte
chaleur & abondance de melancholie.

Ceux qui ont les oreilles dures, sont fins & cauteleux, parce
que cela prouient de la melancholie: Ceux qui les ont molles
& lasches, sont lents & paresseux, parce que cela prouient de
la pituite.

Ceux qui ont les oreilles dures, & quant & quant ἀραιόσαρκα
ont bon esprit, parce que de ce

qu'elles font dures cela prouiẽt de la melancholie qui eft propre par fa feichereffe à retirer, & ce qu'elles font minces & deliées, cela prouient de la bile qui eft propre par fa chaleur à comprendre promptement.

Ceux qui ont les oreilles rouges naturellemẽt, font honteux & vergogneux, parce que cela prouient de la chaleur, laquelle à caufe de la timidité au lieu de fe tourner en deuant vers les yeux, fe retire en arriere vers les oreilles.

Les oreilles font naturellement immobiles, mais neantmoins lors qu'on les peut mouuoir à caufe d'aucuns petits mufcles qui y font, c'eft figne de promptitude & de diligence, parce que cela denote vne plus forte chaleur & fuffifante humidité.

## ARTICLE. XI.

### *Des Ioües.*

CEux qui ont les ioües fort rouges & comme enflammées, sont sujets à s'enyurer, parce que cela prouient d'vne chaleur de foye : Ceux qui les ont vermeilles, c'est à dire blanches auec vne petite cerise ou bouton de rose au milieu , sont amoureux, dociles, & de bon naturel, parce que cela denote vne quantité de sang arterial plus temperé & mieux assaisonné que s'il estoit priué de cet esclat.

Quand la partie superieure de la ioüe est plus grosse que l'inferieure, cela denote vne difformité, & par consequent c'est signe de stupidité, parce que

cela prouient d'vne abondance
d'humeur superflu.

---

# ARTICLE XII.

## *Des Léures.*

LEs léures qui sont le pont-
leuil de l'éloquence & la
tapisserie de la langue, dont le
palais en est le pauillon, aussi en
porte-t'il le nom chez les Grecs
χειλεα dans plutarque. Quand
elles sont petites, menuës, res-
serrées sont éloquents, grands
parleurs, parce que cela prouiẽt
de la bile auec vn peu de sang.

Lors que les léures sont tendres & menuës, & que celle de
dessus cheoit & se joint ensemble auec celle de dessous, c'est
signe de hardiesse & de grand
courage, selon Aristote dautant
que de ce que les léures sont

menuës, c'est de la bile, & ce
qu'elles sont tendres & lasches,
cela prouient du sang : c'est
pourquoy ces gens-la sont comparez aux lyons.

Lors que les léures sont bien
grosses, & que celle de dessus
surpasse encore & est plus grande que celle de dessous, c'est signe de stolidité & sotise μαθαιό-
τατοι, dit Athenæ, parce que cela
prouient d'vne grande abōdan-
ce d'humidité : c'est pourquoy
ces personnes-la ont de coustume d'auoir la teste charnuë, &
la face πανσέληνον, quoy que
quelquefois le Kalendrier ne
nous marque qu'au premier
quartier.

Lors que les léures sont pas-
les ou blancheastres, c'est signe
de foiblesse & de debilité, parce
que cela denote que la chaleur
est retirée au dedans & concen-

trée. Lors qu'elles font plom-
bées ou noiraftres fignes d'enuie, à caufe de la melancholie
d'où cela prouiét. Lors qu'elles
font rouges, c'eft toufiours bon
figne, parce que le fang entre
tous les humeurs ἡ πιώτερός ἐςι.

Ceux à qui la mafchoire fuperieure furpaffe & aduance par
deffus celle d'en bas, font contumelieux, parce que cela prouient de la feichereffe qui retire
les nerfs de la mafchoire inferieure, & de la force de la chaleur qui pouffe en haut l'os de la
mafchoire fuperieure ; c'eft
pourquoy ces perfonnes-la font
comparez aux chiens ὅμοιοι κυνοί.

D iiij

## ARTICLE XIII.

*De la Bouche, des dents, & de la langue.*

CEux qui ont vne grande bouche, bien ample, & bien large font audacieux, temeraires, & exceſſifs en toutes choſes, parce que cela prouient d'vne trop grande abondance de chaleur. Et Iean Indagine dit, iamais n'auoir eſté trompé en ce ſigne. Ceux qui l'ont petite & eſtroite, & que quand ils parlent il ſemble que chaque paroles qu'ils tirent, ils content des piſtoles, ſont timides & modeſtes, parce que cela prouient de la froideur.

Lors que les dents ſont bien longues, ſerrées, & bien épaiſſes, c'eſt ſigne premierement que l'excrement de la ſemence dont

elles font compofées, eftoit temperée. Secondement, parce que
cela prouient d'vne abondance
de matiere vtile, conjointe auec
la chaleur. Lors qu'elles font petites, foibles, & peu épaiffes, c'eft
figne de foibleffe de corps, & de
petite vie, pour la raifon contraire.

Lors que les dents font placées
comme vn bataillon rangé, ou
efcadron diuifé en deux rem-
parts bien en ordre, figne de fi-
lence & prudence, parce que par
ce moyen on peut plus facilement retenir l'air, qui eft le cha-
riot de la voix auparauant de
parler. Lors qu'elles font diflo-
quées, & ne font pas bien en ordre, figne d'vne polylogie en-
nuyeufe, & marque d'incõftan-
ce, parce que l'air f'échappe plus
aifement, n'ayant point de bri-
de pour l'arrefter.

D v

Lors que les dents sont pointuës, signe de babil, & aussi de
cholere, parce que cela prouiét
de la bile.

Ceux qui ont vne petite langue & menuë, & polie comme
celle des serpens & viperes, sont
eloquents, choleres, & inconstants, parce que cela prouient
de la bile & du sang. Ceux qui
l'ont grande, grosse, dure, rude,
pesante, & bien épaisse par tout,
sont lourds & stupides, parce
que cela prouient de la pituíte
& de la melancholie.

Lors que la langue est mediocre, c'est signe de bon esprit &
de bonté, parce que cela denote
les quatre humeurs moderées :
Pour ce qui est de la couleur de
la langue selon les diuerses ma-
ladies, il faut consulter les enfans d'Esculape,

# ARTICLE XIV.

## *Du Menton.*

CEux qui ont vn long men-
ton, pointu, menu & fort
mobile, font grandement choleres, babillards, & ont bon efprit, parce que cela prouient de
la bile & du fang.

Ceux qui l'ont court, gros, large, & efpais, font ftupides à caufe de la pituite & de la melancholie.

Lors que le menton eft quarré, figne de fidelité & de loyau-
té, parce que cela denote vne
abondance de chaleur & de matiere vtile : Lors qu'il eft rond,
figne de fallace & tromperie,
parce que cela prouient d'vn
humeur froid & fec, lequel fe
contient de foy-mefme dans fes

propres termes & limites sans
s'écouler, ou autrement, parce
que cela prouient de la melancholie.

Lors que le menton est four-
chu & fendu en deux, & qu'au
milieu il y a vn petit creux, c'est
signe d'vne personne deffiante,
mais qui ne laisse d'estre gaillar-
de & ioyeuse, parce que cela
prouient du sang.

## ARTICLE XV.

### Du Col.

CEux qui ont le col fort long
& estendu, mais fort menu
& estroit tout au long comme
les cicoignes, sont timides, niais
& imbeciles, parce que cela denote vne debilité de la chaleur
naturelle qui ne la peut ampli-
fier dauantage, à raison dequoy

les esprits qui prouiennent de
l'estomach sont plus lēts, & ont
plus de peine à passer pour paruenir iusqu'au cerueau au siege
de l'imagination: telles personnes sont comparees aux cerfs.

Lors que les femmes ont vn
long col & bien gros, si d'auan-
ture auec cela il est dur, c'est signe de force dautant que cela
prouient de chaleur; s'il est mol,
signe de timidité, parce que cette grossesse prouient ἐκ τῆς πολυ-
σαρκίας καὶ λιπαρότητος, comme dit
Gal. elles sont hautes engraisses:
or les femmes sont plus froides
que les hommes, car la graisse
ne prouient que de froideur, ou
d'vne chaleur plus moderée.

Ceux qui ont le col fort court,
& quant & quant fort gresle &
delié, sont traistres & fraudu-
leux, & ne fait guere bon se fier à
eux, parce que cela prouient de

la melancholie, laquelle par sa
seicheresse le rend ainsi court, &
par la froideur le rend menu, &
sont semblables aux loups.

---

## ARTICLE XVI.

### *Des Espaules.*

CEux qui ont les épaules bien
grandes, bien larges, & bien
amples, sont liberaux, parce que
cela prouient de chaleur & d'v-
ne matiere vtile, & ceux qui les
ont restressies, comme ceux qui
ont froid sont auaricieux, dautant que cela prouient de la seicheresse.

Ceux qui en marchant ont les
épaules hautes & droites, sont
superbes & lascifs, à cause de la
bile & du sang: Ceux qui les ont
courbées, sont magnanimes &
choleres, dautant que cela vient

## ARTICLE XVII.

### *Du Dos.*

CEux qui ont le dos boſſu &
vouté, ſont fins, trompeurs,
& menteurs, parce que cela prouient de la melancholie qui retire les nerfs par ſa ſeichereſſe,
dont ſ'enſuit neceſſairement vn
mouuement oblique & inégal
des eſprits.

La meilleure quantité du dos,
ſelon Ariſtote, eſt la mediocrité
auec vn peu de curuité ; car ſ'il
eſt pointu & haut, ſigne de ſuperbe à cauſe de la bile ; ſ'il eſt plat,
ſigne de laſciueté, parce que cela prouient de ſang.

Lors que le dos, la poictrine,
les épaules, & le ventre ſont fort
velus, c'eſt ſigne d'vn homme

non politique, selon Aristote, &
d'vn homme tard fortuné; parce que cela denote vne trop grãde superbe à cause d'vne trop
grande chaleur d'où cela prouient : Lors qu'il n'est guere velu signe d'vne chaleur plus moderée : Lors qu'il n'y a point de
poil, signe d'vne personne impudente, non pas pour la trop grãde chaleur qui sont en eux, ains
par faute de discretion & de
conseil, à cause de la trop grande froideur & ou disette d'vne
chaleur suffisante ainsi que le dit
le bruit des sages femmes, quoy
que τῶν μαιευτριῶν δόξαι τὰ παρά-
δοξα, dit subtilement Erophi.

# ARTICLE XVIII.

## *Des Costes.*

CEux à qui les costes n'apparoissent point, à cause de la
grosseur des muscles intercosta-
bles qui sont au deuant, sont
grands babillards, parce que ces
muscles-la selon le Genie de
l'Anotomie recite du Lauredt,
προς φωνετικὰ ὄργα seruent pour l'es-
fort & retentissemēt de la voix :
sont aussi menteurs, parce qu'*in*
*multiloquio non deest mendacium*, ces
personnes-la sont comparées
aux grenoüilles.

# ARTICLE XIX.

## *De la Poictrine.*

CEux qui ont la poictrine
bossuë & eleuée inégalle-

ment, de sorte que d'vn costé
elle paroisse haute, & de l'autre
elle paroisse basse, sont fins,
trompeurs, & menteurs, parce
que cela prouient de la melancholie, qui par sa seicheresse retire les nerfs, dont s'ensuit ne-
cessairement vn mouuement
oblique & inégal des esprits,
ainsi qu'il a esté dit du dos.

Ceux qui ont la poictrine bossuë & éleuée par en haut, & platte par en bas, ont peu d'esprit,
parce que les esprits sortans du
cœur se rarefient & écartent
par trop en montant, & par ainsi
se dissipēt & éuanoüissent: ceux
qui l'ont platte par en haut, &
éleuée par en bas, sont impu-
dents, parce que les esprits sortans du cœur s'vnissent & es-
chauffent d'auantage en montant.

Ceux qui ont vn petit cœur,

font plus courageux que ceux
qui en ont vn grãd, parce qu'en
vn petit membre les esprits vitaux poussans & mouuans sont
plus vnis & ramassez ensemble-
ment, & en vn tres-grand, ils
sont épars çà & delà.

---

## ARTICLE XX.

### Du Ventre.

CEux qui ont le ventre gras,
non pas à cause de la grosseur des muscles, mais seulemẽt
de graisse, sont lubriques &
gloutons, parce que cela denote vne trop grande abondance
d'humidité, & aussi que la dige-
stion n'est iamais bien parfaitte,
à cause de l'abondance continuelle de l'aliment qu'on prẽd,
ceux qui l'ont maigre & estroit,
auec la poictrine ample & plan-

tereuſe , ont bon eſprit , & ſont
prudents, & auſſi enuieux & choleres ; parce qu'à cauſe que le
ventre eſt menu , cela prouient
de la melancholie , & de ce que
la poictrine eſt ample , cela prouient de la bile.

Ceux qui ont le ventre dur,
auec la peau de deſſus aſpre &
ridée, ſont hardis & courageux:
Ceux qui l'ont mol auec la peau
tendre & polie ſont timides, à
cauſe de la trop grande froideur
& humidité d'où cela prouient.

## ARTICLE XXI.

### *De la Voix.*

IE croy que l'oreille a autant
de difference de ſons & de
tons, que la veüe a de differen-
ces de couleurs.

Ceux qui ont la voix haute &

grosse, sont forts & hardis, parce que cela prouiёt d'vne abondance de chaleur, qui a la force
de pousser vne grande quantité
d'air.

Ceux qui l'ont haute & claire
τὴν τεθρυμμιδύην φωνὴν, l'appelle
Aristoph. sont grands mãgeurs,
parce que cela prouient d'vne
abondance de chaleur auec la
melancholie, qui restraint & es-
trecit la trachée artere, & sont
comparez aux chevres.

Ceux qui ont la voix basse &
graue, sont contumelieux, parce que cela denote vne quantité
d'air, plus que la chaleur naturelle n'est suffisante pour pou-
uoir pousser.

Lors qu'on rit, la voix a de
coustume d'estre graue, parce
que le gosier, ou la trachée artere alors se dilate, & les esprits
se rarefient & épandẽt par tout:

mais lors qu'on pleure ou qu'on s'attriste, elle a coustume au cõ-traire de deuenir menüe & de-liée, parce que pour lors les es-prits se ramaffent & concentrẽt & la trachée artere se reftreint, à cauſe de la chaleur qui ſe re-tire.

Ceux qui ont la voix rude & aſpre, ſont enuieux, & tiennent long-temps leur courage, parce que cela prouient de la seiche-reſſe de la melancholie : Ceux qui l'ont douce & agreable ſont laſcifs & debonnaires, parce que cela prouient d'humidité, & d'vne chaleur mediocre.

Ceux qui ont la voix groſſe au commencement & aiguë à fin ſont choleres, parce que cela prouient de la bile, qui par ſa ve-hemence reftrecit & amenuiſe le bout ou extremité de la tra-chée artere.

Ceux qui parlent prompte-
ment & brusquement, de sorte
qu'en parlant ils obmettēt quelques syllabes ou lettres, sont furieux, superbes & choleres, parce que cela denote que l'imagination & les idées sont plus
prompts que la langue, & par
consequent que la chaleur de la
bile est plus grande & plus forte
que la melancholie, & qu'elle la
peut incontinent échauffer &
enflammer.

Ceux qui hesitent en parlant
sont opiniastres, parce que cela
prouient de la seicheresse de la
melancholie.

Ceux qui beguayent οἱ ἰχνό-
φωνοι, c'est à dire, qui ne peuuent
pas bien prononcer toutes les
lettres sont prudents ou stupides, selon qu'ils ont plus ou
moins de peine à les prononcer,
parce que cela prouient de la pi-

tuite ou humeur aqueux, lequel
s'il est en abondance rend stupides, & fait que la prononciation
est difficile.

---

## ARTICLE XXII.

### *Des Lumbes.*

CEux qui ont les lumbes ou
les hanches bien grandes,
bien charnuë, & bien nerveuse,
sont hardis & superbes, parce
que cela prouient d'vne matiere
vtile, sont aussi amateurs de la
chasse, parce que les animaux de
chasses ont ainsi les lumbes cõ-
posez, parquoy sont plus propres à courir : Ceux qui les ont
petites sont timides, parce que
cela denote vne chaleur moindre & plus grande disette de matiere vtile.

ARTI-

# ARTICLE XXIII.

## *Des bras & du Coude.*

CEux qui ont les bras velus, font petulans & lascifs, parce que cela denote excés de chaleur.

Ceux qui ont les bras longs & pleins de muscles sont forts, parce que cela prouient d'vne abondance de chaleur & de chair, laquelle est necessaire au mouuement du bras.

Ceux qui les ont courts & gras sont gourmands & yurongnes, dautant que cela denote qu'ils boiuent & mangent plus qu'ils ne sçauroient digerer : car s'ils pouuoient digerer ce qu'ils boiuent & mangent, il s'ensuiuroit qu'il y auroit des muscles aux bras, parce que le muscle,

dit doctemēt Gal. *de VJ. part.* οὐὰρξ
τῇ ἀναδόσι τιμιωτάτη ϗ τελεωτάτη,
la mieux élabourée. Donc où
il n'apparoiſt point de muſcle,
ſ'enſuit l'indigeſtion, & par con-
ſequent qu'elle eſt toûjours em-
peſchée & retardée par l'abondance & affluence continuelle
de l'aliment qu'on prend.

Ceux qui ont le bras tout
droit auec le coude, ſont liberaux ; parce que cela prouient
d'humidité: Ceux qui l'ont difficile à eſtendre ſont auaricieux,
à cauſe de la ſeichereſſe.

---

## ARTICLE XXIV.

### *Des Mains.*

Ceux qui ont la main bien
groſſe, bien graſſe, & bien
charnüe, ſont ſtupides, parce
que cela prouient d'vne abon-

dance & matiere superflüe : La plus loüable couleur de la main est la rouge ou vermeille εὔχροιαν ἔχειν, dit Hippoc. & Galien apres luy *lib. de Temperam.* parce que la main est ὄργανον αἰσθητήριον ἀφῆς ἡ χείρ, l'instrument du toucher, & partant il y doit auoir le temperament des premieres & secondes qualitez.

Ceux qui ont vne petite main & menüe, sont auaricieux, parce que cela prouient de la melancholie : ceux qui l'ont bien droite ont bon esprit, & sont liberaux, parce que cela prouient de l'humeur sanguin : ceux qui l'ont pointüe & menüe par le bout, sont choleres, parce que cela prouient de la bile.

Ceux qui ont la main tremblante, sont timides, parce que cela denote la chaleur concentrée au dedans.

## Art. XXV. & XXVI.

*Des Cuisses & de la Iambe.*

CEux qui plient facilement
le genoüil, & font ordinai-
remét vn petit bruit en le pliant,
font mols & effeminez, parce
que cela prouient d'humidité,
qui rend les ligamens ainfi tendres & lafches.

Ceux qui ont la jambe longue
& graffe, de forte que la chair
femble pendre & choir, figne de
fuperfluité d'humeur, & partant
ftupides : ceux qui l'ont menüe
& deliée, figne de cholere, parce que cela prouient de la bile :
ceux qui l'ont pelüe, font lubriques, parce que cela prouient
de chaleur & humidité, princi-
pes de lubricité.

Ceux qui ont la greve ou mol.

let de la jambe menu, sont choleres, parce que cela prouient de
chaleur qui consomme l'humidité : ceux qui l'ont gros &
court, sont forts & bons lui-
cteurs, parce que la chaleur est
plus vnie.

Ceux qui ont les jambes tor-
tües en marchant, sont mols &
effeminez, parce que cela prouient d'humidité.

## ARTICLE XXVI.

### *Des Pieds & du marcher.*

CEux qui ont la peau de dessus rude & aspre, sont stupides, parce que cela prouient de
melancholie : ceux qui l'ont ten-
tendre, signe de bon esprit, parce que cela prouient du sang.

Ceux qui ont le corps courbé
en marchant, sont timides, car

cela prouient de la melancholie: font auffi flatteurs, parce que
la flatterie prouient de l'humidité.

Ceux qui panchent & cour-
bent le corps en marchant vers
le cofté droict, font mols & effeminez : parce que cela denote
que les ligamens du cofté gau-
che font lafches, à caufe de l'humidité.

---

## APPENDIX SVR TOVTE
### LA PHYSIONGMIE.

#### *De la ftature du Corps.*

CEus qui font petits & fecs
naturellement, font inge-
nieux, dautāt que par ce moyen
les efprits, à caufe du chemin
plus court, paruiennent plûtoft
& plus promptement au fiege
de l'imagination, font auffi te-

meraires, parce que la chaleur
est plus vnie & ramassée, d'où
vient qu'ils conçoiuent promptement, mais ne se donnent le
loisir de iuger & discerner : ceux
qui sont petits & humides, sont
ingenieux, & non temeraires,
parce que la force & la trop
grande chaleur est bridée & he-
betée par l'humeur.

Ceux qui sont grands & secs
naturellement, ont bon esprit,
& sont prudents, parce que la
seicheresse en eux retient & con-
serue la chaleur & les esprits,
n'ont pas leur mouuement si
prompt & si soudain, à cause du
plus long chemin qu'ils ont à
faire: ceux qui sont grands & humides, sont lourds & hebetez,
parce que la chaleur qui est deja
épars, & rarefiée en eux, est encore estouffée & esteinte par
l'humeur.

### Du temperament des quatre Vertus Cardinales.

LA prudẽce consiste en froideur, parce que ceux qui font froids, cõme les vieillards, font lents & tardifs : or pour la prudence il faut estre lents: c'est pourquoy ceux qui font pituiteux font prudents, c'est à dire, lors qu'ils veulent dire quelque chose, ils deliberent & consultent long temps auparauant en eux-mesmes, parce que la pituite est vn humeur froid & humide ainsi que l'eau : mais d'autant que la pituite par sa trop grande froideur & humidité rend vne personne trop lente & tardifue, il est bon qu'elle soit jointe auec vn peu de bile qui est chaude & seiche, afin que par ce moyen de l'vne on retarde vn peu, & par le

moyen de l'autre on se haste vn
peu selon le dicton ancien *festi-*
*na lente.*

La Iustice consiste en humidité, parce que l'humidité est
propre pour l'amour, dautant
que ce qui est humide selon Aristote, ne se peut contenir en son
estre, ny en ses propres termes,
ains s'écoule & s'épand par toutes les terres circonuoisines. Or
l'amour n'est pas seulement en
celuy qui ayme, ains se transpor-
te & transforme du tout en la
chose qui est aymée. *Anima est*
*magis vbi amat quàm vbi animat,* dit
la sentence ancienne, & la Iustice n'est autre chose que l'amour
ou volonté de rendre à vn chacun ce qui luy appartient: C'est
pourquoy les sanguins sont iu-
stes, c'est à dire, desirent naturellement rendre la iustice & equi-
té à vn chacun de ce qui luy ap-

partient:parce que le sang est vn
humeur chaud & humide ainsi
que l'air: Mais' dautant que le
sang 'pour sa trop grande chaleur & humidité rend vne personne trop liberale& prodigue,
il est bon pour la Iustice qu'il
soit meslé auec vn peu de l'humeur melancholique qui est
froid &  sec, afin que par le
moyen d'iceluy on soit vn peu
plus retenu & moderé.

La Force consiste en chaleur,
parce que la force approche dauantage de la hardiesse, comme
il appert és lyons & autres animaux,& principalement és mas-
les plustost qu'és femelles, lesquels sont plus hardis à cause
qu'ils sont plus chauds, c'est
pourquoy ceux qui sont bilieux
sont forts, c'est à dire, hardis à
entreprendre quelque affaire
que ce soit,& courageux à pour-

suiure l'entreprise, parce que la
bile est chaude & seiche ainsi
que le feu : Mais dautant que la
bile par sa trop grande chaleur
& seicheresse excite à vne trop
trop grende audace & temerité,
il est bon qu'elle soit jointe auec
vn peu de l'humeur pituiteux
qui est froid & humide, afin que
par le moyen d'iceluy, elle soit
plus temperée & mitigée.

La Temperance consiste en
seicheresse, parce que la seicheresse approche dauantage de
l'abstinence, que nulle autre
chose, dautant que tout ce qui
est sec comme vne pierre ou vn
cailloux, se contient mieux dans
les bornes & l'enclos de sa su-
perficie connexe & exterieure
comme empacté & reserré dans
icelle sans s'écouler, que non
pas ce qui est humide. Or l'absti-
nãce est necessaire pour la tem-

perance: c'est pourquoy les melancholiques sont temperans,
c'est à dire s'abstienneut plus facilement de quelque chose que
ce soit, quand ils veulent, que les
autres, parce que la melancholie est froide & seiche comme la
terre : Mais dautant que la melancholie par sa trop grande
froideur & seicheresse rend vne
personne trop engourdie, ἀναι-
σίαν γὰρ ποιεῖ, dit Gal. il est bon
qu'elle soit jointe auec vn peu de
l'humeur sanguin qui est chaud
& humide, afin que par le moyé
d'iceluy, on soit vn peu plus
actif & éueillé.

Voyla ce que ie puis apporter
de la Physionomie tirée des raisons de Philosophie, de Medeci-
ne, de l'experience, le tout à l'hõ-
neur de celuy qui a baillé le vou-
loir & le parfaire.

# EPITHALAMVS
## DOMINI LE COCQ,
### SENATORIS AMPLISSIMI,
### & Domicellæ Anne Broé
### vxoris amantissimæ.

Orte Venus placidos, ibat Cythe-
reia per agros,
Insigni stipata choro, geminasque pa-
lumbes
Iuge Ministerium sub mitia fræna co-
ërcens
Illa notho disiecta comas & pectus
eburnis
Vecta rotis, sacros agitabat mente Hy-
menæos
Blanda voluptatum circumque supra-
que dionem
Agmina præcingunt certantque elude-
re gyros,
Nescia difficili seruire Licentia nodo
Emicat anteuolans currum subitoque
parentis
Aduentu cogit famulas rarescere nubes

Succedunt pulchrique metus, facilifque
  moueri
Sedarique pudor, pretiofa pericula,
  rifus
Ofculaque & multo rubicunda vigore
  iuuentus:
His quoque Numinibus non cætera
  Numina defunt
Nam quibus eft ftudium, virides Pæ-
  ftana Napeæ
Iugera fœcundo ditare frequentius im-
  bre
Vna omnes adfunt fragranti rore ma-
  dentes
Solus deerat amor dũ cõnubialia Gallis
Fefta torofque parat, qua præterlabitur
  arces
Sequana Parifias, & fecto gurgite
  tranfit
Lubricus, alternifque facit diuortia
  muris
Aft vbi folemnes meruit lux pronuba
  tædas
Atque diu variatus Hymen fe munere
  læto
Prodidit & leges & myrtea frena mo-
  mordit
Ilicet exorti referens noua gaudia folis

Notum iter ad matrem lapso pernicior
astro
Corripit, hunc tenui perstringunt sup-
paralino
Quæ veneris texere manus, nec ditior
vnquam
Contigit, exiguo laus & fortuna labori
Pendula cæsaries puroque micantior
auro
Vberibus nodus Crispatur & arte soluta
Visitur interdum niueos vmbrare la-
certos.
Fax, corythus, post terga iacent, ictu-
que recenti
Debita laxato fessus trahit otia cornu
Neruus & exhaustas implent noua Te-
la pharetras:
Vix quater excussis tentauerat aëra
pennis
Et liquida ingenti signarat nubila
gyro
Cernit adesse Deas vbi triplex Gratia
ripis
Imperat, & blandos irrorans retare
flores
Fontis Acidaly placidissima voluitur
vnda
Protinus attonitæ genitricis ab ore pe-

pendit
Oscula delibãs & verbis fatur Amicis:
Illuxit tandem genitrix mea gloriæ
      tandem
Illuxit dictaque tuli spolia ampla iu-
      uentæ:
GALLVS enim, proauos inter clariffi-
      mus omnes,
Et patria probitate nitens, opibusque
      superbus
Cui fora cui meritas numerauit Curia
      laudes
Succubuit telis & nostro percitus arcu
Fufus in amplexus promiffæ virginis
      heret
O quoties veniente die atque urgenti-
      bus astris
Improbus irata luctantem cuspide fixi
Crediderim haud ullos genitrix vehe-
      mentius vnquam
Incaluiffe procos, granioraque vulnera
      nostra
Suftinuiffe facis, non si per prima re-
      currens
Sæcula, commemores iuuenum antiqua-
      ria flammas
Gratulor officijs mea nate potentia, &
   istas

Laudo faces venerosque manus & spi-
cula tantum
Quod domuere virum qui tantæ virgi-
nis almos
Ibit in amplexus, nihil hic tua fixit
arundo
Dissimile aut varium, nam forma de-
cusque genusque
Conueniunt & vtrumque probat cumu-
lata bonorum
Congeries, summique nitens opulentia
recti:
ANNA etenim nostris digna est cui
seruiat aris
Idalium cui thure Paphos cui cessit Cy-
prus
Incaleat cui lacte Cnidus, myrthoque
Cytharon,
Quam mea Concha vehat, cui vos erre-
tis amores?
Sed quid nostra moror tam longis gau-
dia dictis
Et sponsum & sponsam festas visamus
in ædes.
Dixerat æthereos radit lenis orbita tra-
ctus
Nec Zephyri tenuere gradum discedit
inanis

Flatus & in liquido non soluitur aëre.
  pompa
Iamque renidentes populosa Lutetia
  muros
Ostentat Veneri saliunt cœlestia visu
Pectora nec totis capiunt se gaudia
  membris.
Interea in vobis contendat muneris ar-
  dor
Inque vicem certate deæ, certate soro-
  res
Quæ potior meritis cumulet connubia
  donis
Fer tædas Hymenæe tuas, fer gratia
  sacrum
Nectar, et ambrosios superûm conuiuia
  rores
Sternite Pæstani ruris solatia Nym-
  phæ
Sternite fragrãtem thalamum qui vin-
  cat amœnas
Veris opes, spiret Casiam, Colocasia,
  Caltham
Lilia, narcissos & amoma & cinnama,
  nardum
Balsama, thura, crocum, quidquid sub
  sole recenti
Colligit Indus, Arabs, Syrus, Persia.

Sabæus
Quidquid aromaticum tepidis fœcun-
dat Orontes
Fluctibus aut quod Nabathæo vapulat
Euro
Nec satis, ad cultus conferte monilia
Glaucæ
Naiades & solitas auro splendescere
gemmas
Vosque Cupidinei iucunda leuamina
fratres
Ite lenes, ite ardentes quocumque vo-
carit
Vsus, nec cuiusquam etiam sit dextera
segnis
Idalia festos postes obnubere myrtho
Hi properent pars noctifugos suspende-
re lychnos
Parsque solo tyrias certent componere
vestes
Ast alius rubeo cui plurimus ignis in
ore est
Cui nunquam iaculis corythus, sine cu-
spide dextra
Feruidus, aurata transfigat vtrumque
sagitta
Dumque hæc vmbrosis instat Cytharea
propinquans

Ædibus illa subit sequiturque exerci-
tus omnis
Clarior aduentu fulsit domus, obuia
sacro
Spirantem Veneris traxerunt vertice
odorem,
Et præcepta suas exercent numina par-
tes
Tum Cytherea virum trepidamque am-
plexa puellam
Sic cecinit, iustis onerans connubia vo-
tis
Viuite concordes fœlici viuite Sæclo
Si veneris pia vota valent, properate
beata
Pignora Francigenis, sint nati sintque
Nepotes
Quos Patris illustrent virtus quos for-
ma parentis
Nectite coniugibus candentia vellera
Parcæ
Voluite prægnantes Phryxeo stamine
fusos
Æternam sponsis precor indulgete iu-
uentam
Nec ferat autumnus morbos nec Sirius
ignes

Viuat amore mei probitatis viuat a-
more
Viuat vterque suis, viuat sibi viuat
Olympo.

Faciebat

GABRIEL CRESSONNET.